AF279361

Título original: Hogar no es un lugar
Autora: María Solías
Diseño e ilustración: María Solías
mariasolias.com - hello.mariasolias@gmail.com - @mariasolias

Publicado por Editorial Gusanillo 2024
Redes sociales de la editorial: @editorialgusanillo
Página web de la editorial: www.editorialgusanillo.es

Impreso y encuadernado en España
Código de Depósito Legal: V-553-2024
ISBN: 978-84-128235-2-3

HOGAR NO ES UN LUGAR

María Solías

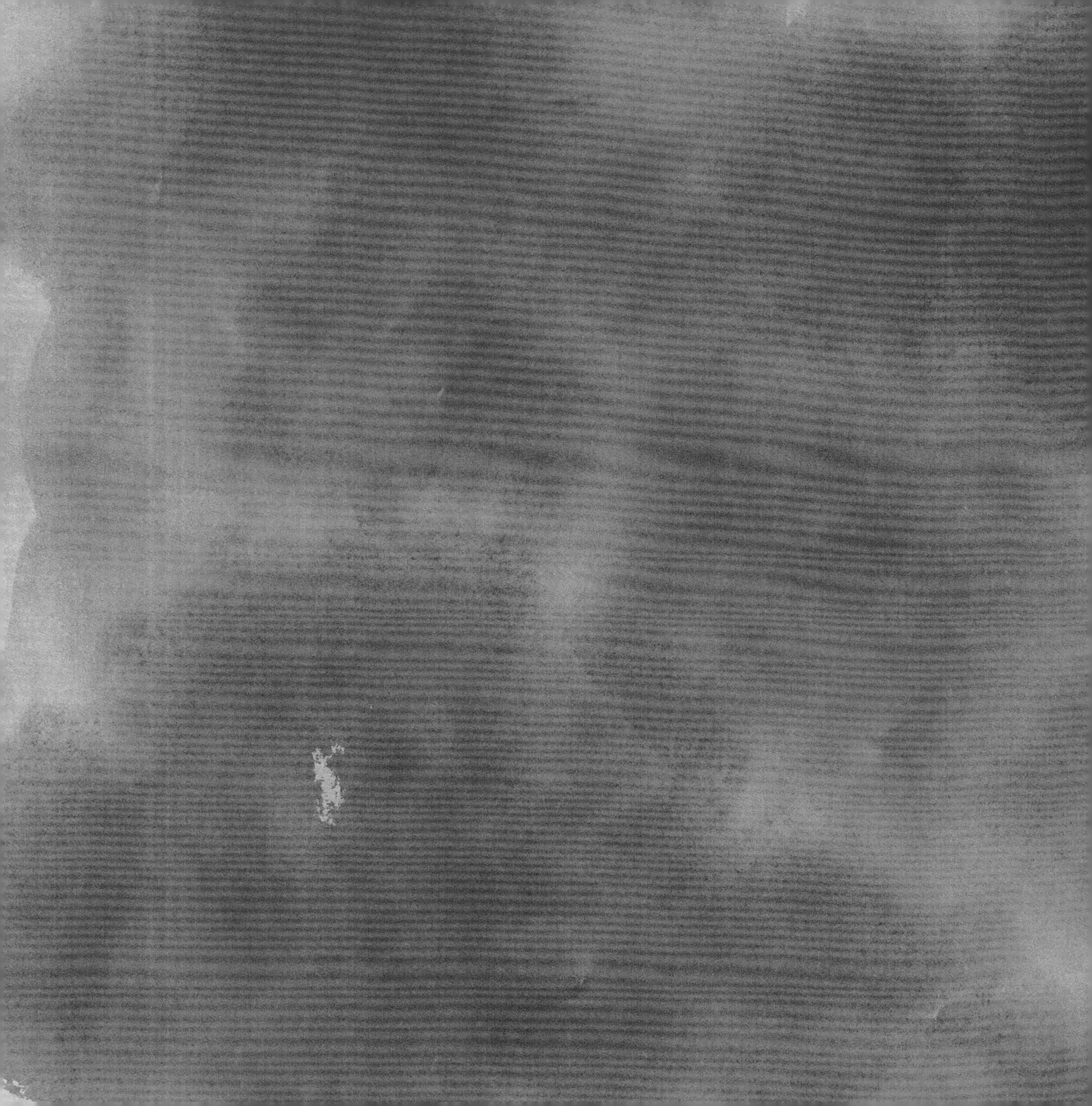

A rolito, mi hogar.
Juntos somos un techito a dos aguas.

Al final de lo que parecen ser
cien escalones una puerta nos espera.

—¡Hogar, dulce hogar! —dijo mamá.
Pero solo puedo ver muchas cajas apiladas
y todas nuestras cosas dentro de grandes maletas.

Busqué…

busqué…

y busqué.

Busqué un poco más.
Miré en cada rincón y aún así, no pude encontrarlo.

Nadie de la familia parece notar que no está con nosotros.
Temo que no echen de menos su presencia.

Quizá nuestro **hogar** se extravió en el camino,
se ha cansado de tanto viajar
o se salió de mi pequeño bolsillo.

¡Hooogaaar!

—¡Hooogaaaar! —grité con todas mis fuerzas
pero mi hogar no me escuchaba.
Entonces le envié notas con las palomas,
dejé cartitas por todo mi nuevo barrio.

También dibujé con tiza unas instrucciones
muy claras en la acera, pero no sé si sabe leer
o si recuerda cómo jugar a la rayuela.

Mi hermano la verdad es que no fue
de mucha ayuda. —Hogar son solo cuatro paredes
y un techo —dijo el muy cabeza dura.

—¡Hogar no es solo una casa! —respondí— No son solo ladrillos y tejas, si fuera así, no sentiría tanto su ausencia.

—¡Mira cómo lloran las ventanas!
Creo que esta casa también lo extraña.

Le pregunté a mi papá si lo había visto
y con solo una marquita en el marco de la puerta lo ha conseguido.
«¡Él sí que me ha entendido!» pensé, sintiendo un profundo alivio.

La abuela encontró a hogar perdido en el vapor de una arepa. Yo no me he dado cuenta pero a lo mejor me lo he comido.

Creí verlo roncar con el abuelo
y también pude sentir su olor
en una vieja manta.

Estuvo en este baño
y el muy pillo ¡no bajó la tapa!

He estado detrás de él todo el día.
He dado vueltas como un reloj que anuncia
el atardecer pero, apenas lo encuentro,
desaparece y se vuelve a esconder.

Supongo que es difícil buscar
algo que nunca estuvo perdido.

Porque mi hogar siempre estuvo aquí conmigo,
escondido en un abrazo.

Voy a extrañar mi hogar mientras lo encuentro de nuevo. Pero ahora sé que hogar no es un lugar, hogar son muchos momentos.

Y para todos los que también lo hayan perdido,
mientras lo encuentran de nuevo,
hogar puede ser este libro.

Si dibujas tu hogar en estas páginas
¡Siempre estará contigo!